Test Pattern

Stegosaurus

Plate 1

Stegosaurus

Test Pattern

Plate 1

Test Pattern

Iguanodon

Plate 2

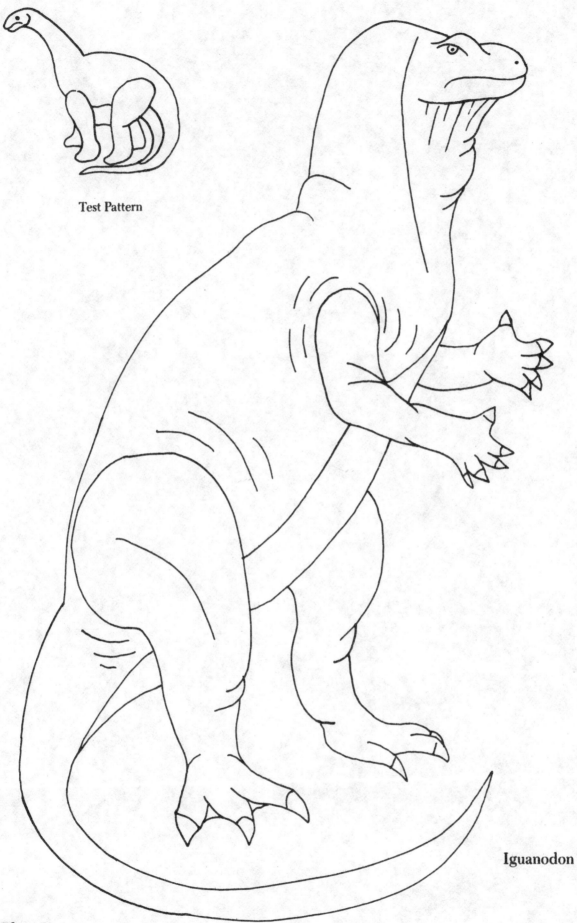

Test Pattern

Iguanodon

Plate 2

Test Pattern

Plateosaurus

Plate 3

Test Pattern

Plateosaurus

Plate 3

Scelidosaurus

Test Pattern

Ankylosaurus

Plate 4

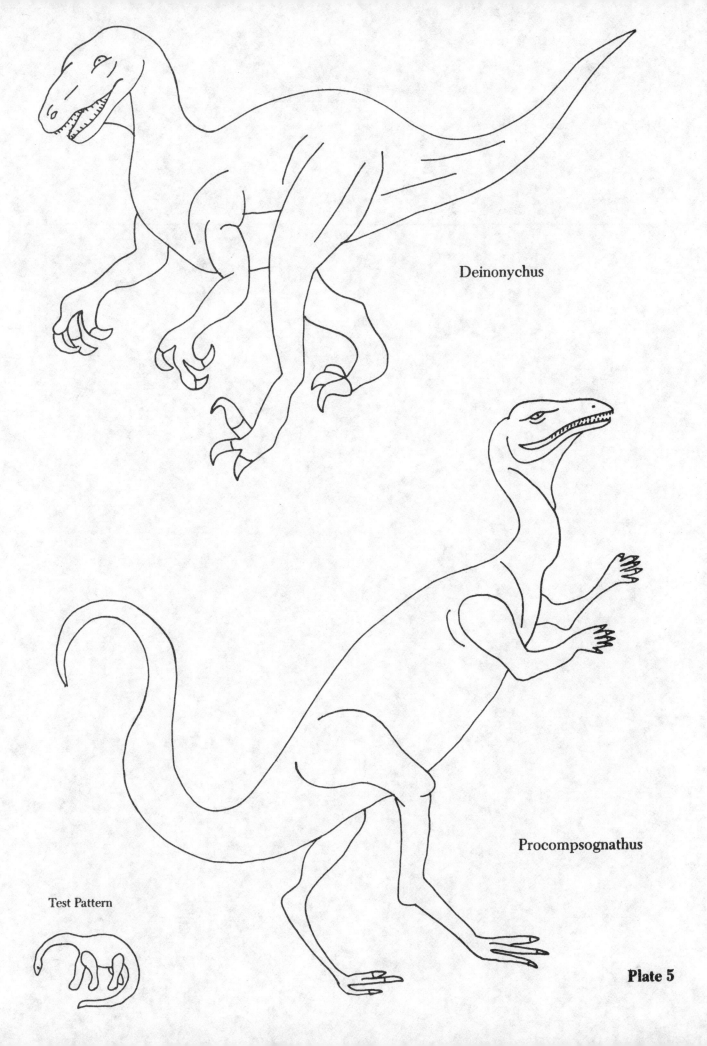

Deinonychus

Procompsognathus

Test Pattern

Plate 5

Deinonychus

Procompsognathus

Test Pattern

Plate 5

Diplodocus

Tail pattern

Plate 6

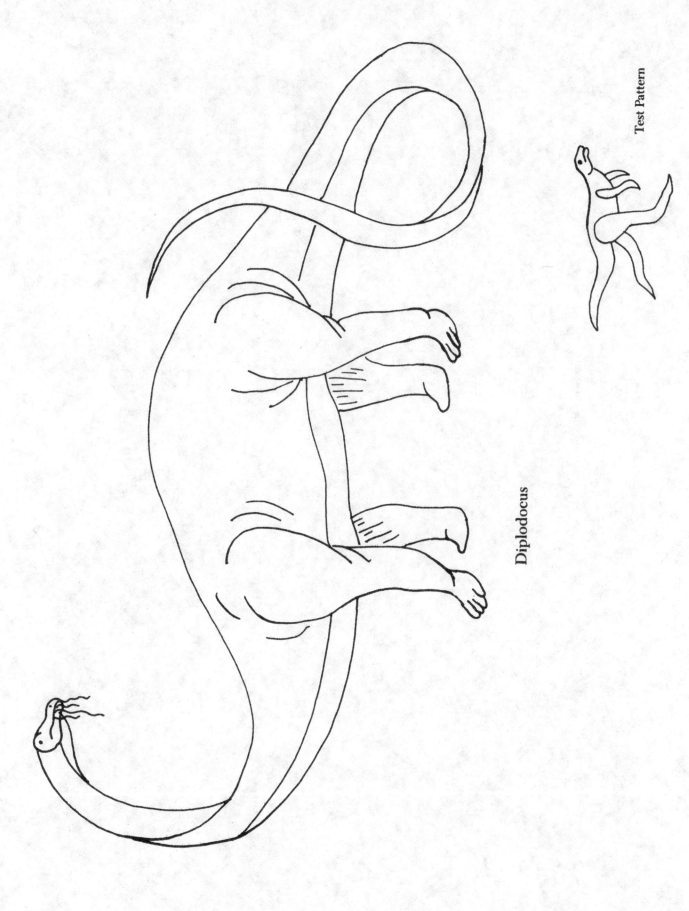

Test Pattern

Diplodocus

Plate 6

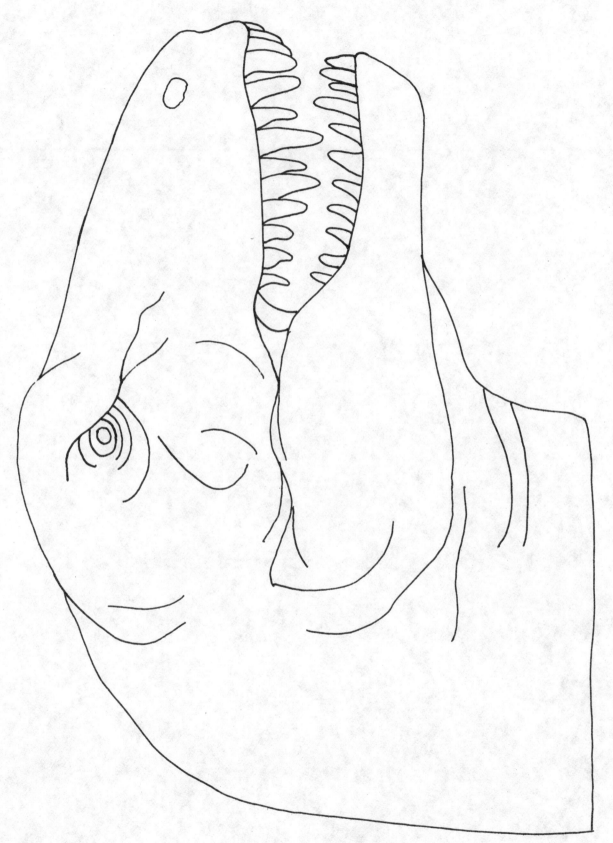

Tyrannosaurus

Plate 7

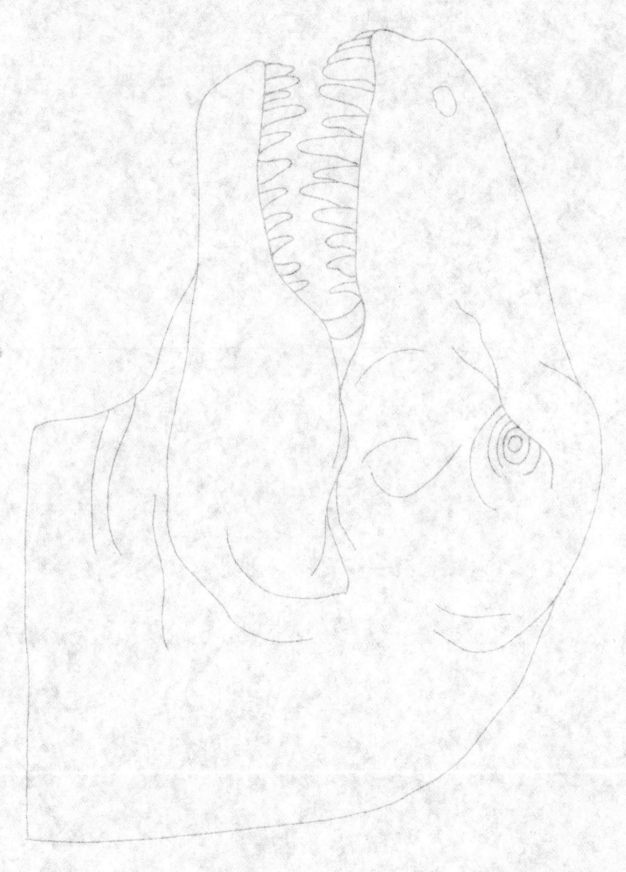

Plate 7

Allosaurus

Plate 5

Test Pattern

Allosaurus

Plate 8

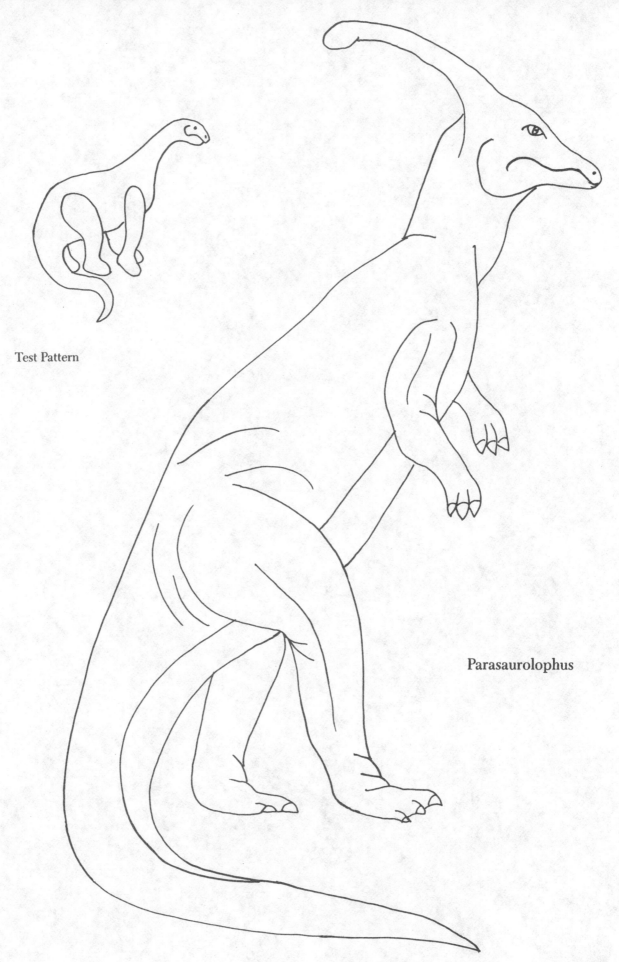

Test Pattern

Parasaurolophus

Plate 9

Plate 9

Teratosaurus

Spinosaurus

Plate 10

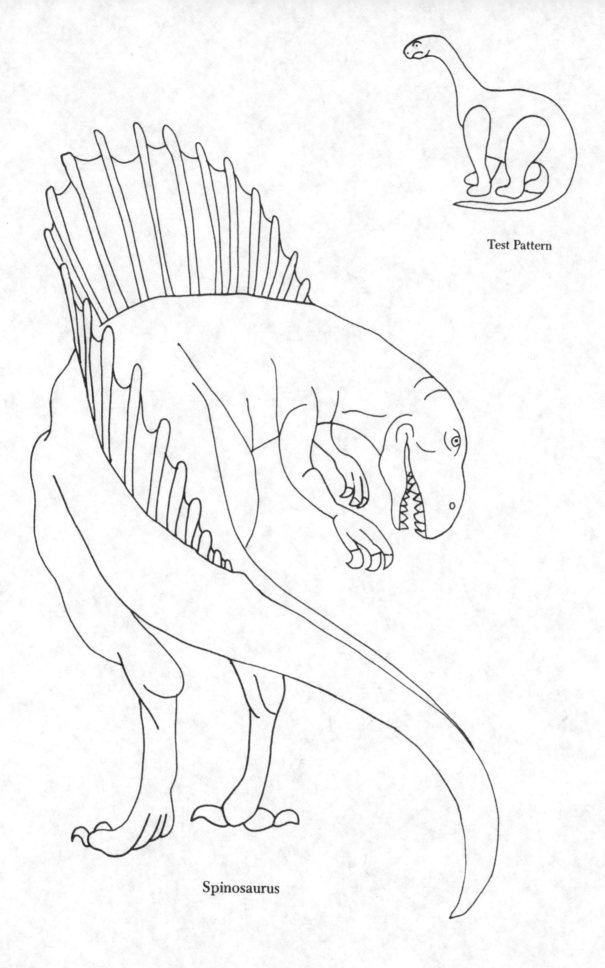

Test Pattern

Spinosaurus

Plate 10

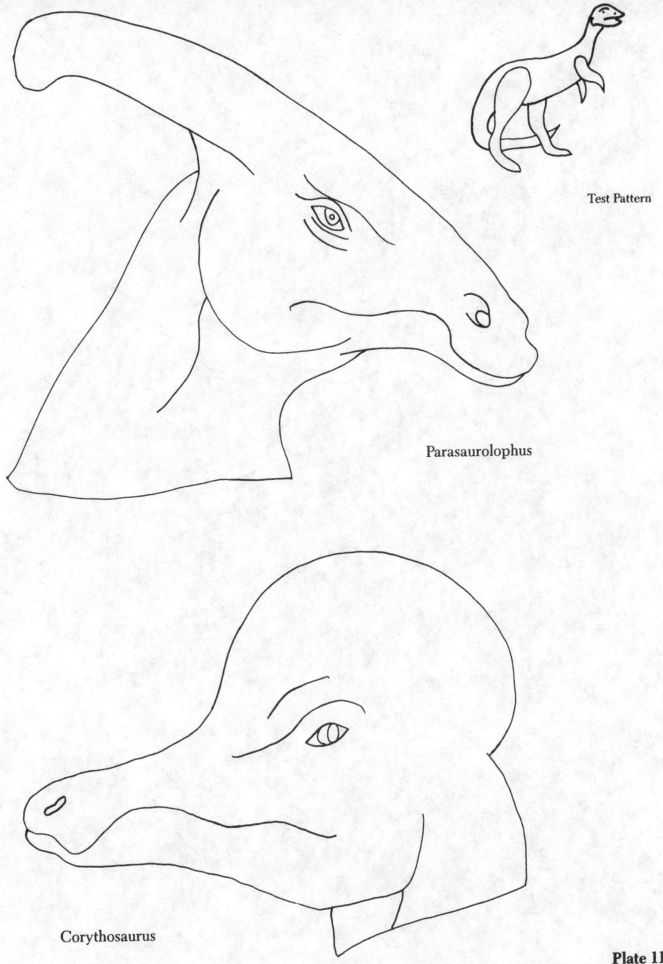

Test Pattern

Parasaurolophus

Corythosaurus

Plate 11

Test Pattern

Anatosaurus
(Trachodon)

Plate 12

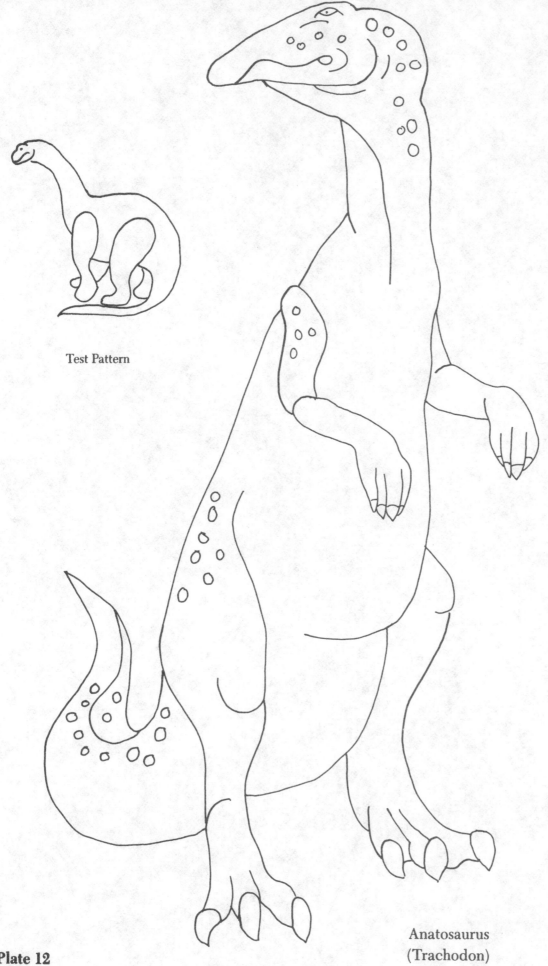

Test Pattern

Anatosaurus
(Trachodon)

Plate 12

Test Pattern

Plate 12

Anatosaurus
(Trachodon)

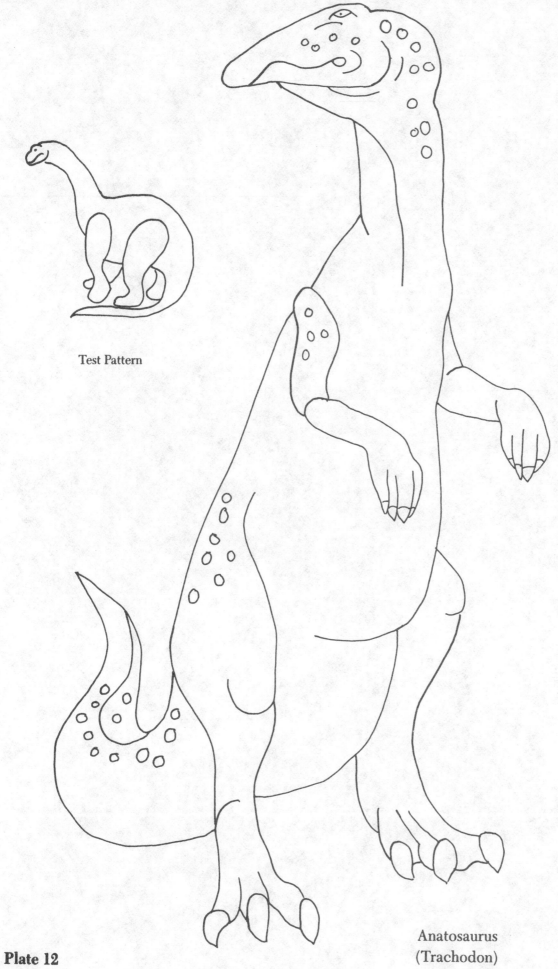

Test Pattern

Anatosaurus
(Trachodon)

Plate 12

Plate 13

Plate 14

Plate 14

Test Pattern

Plate 15

Plate 15

Plate 16

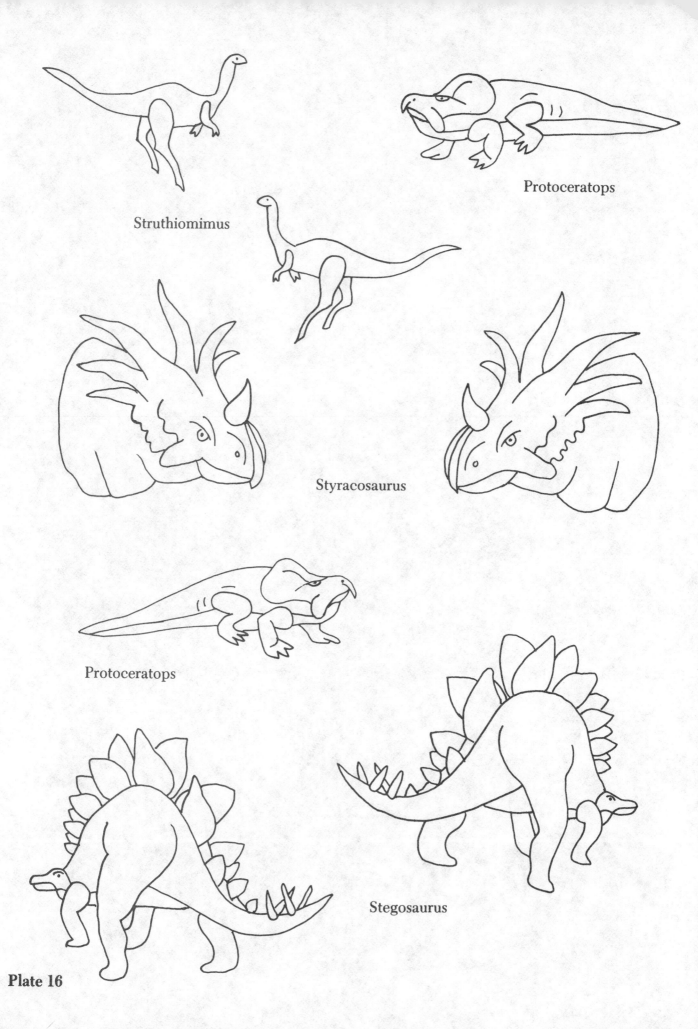

Struthiomimus

Protoceratops

Styracosaurus

Protoceratops

Stegosaurus

Plate 16

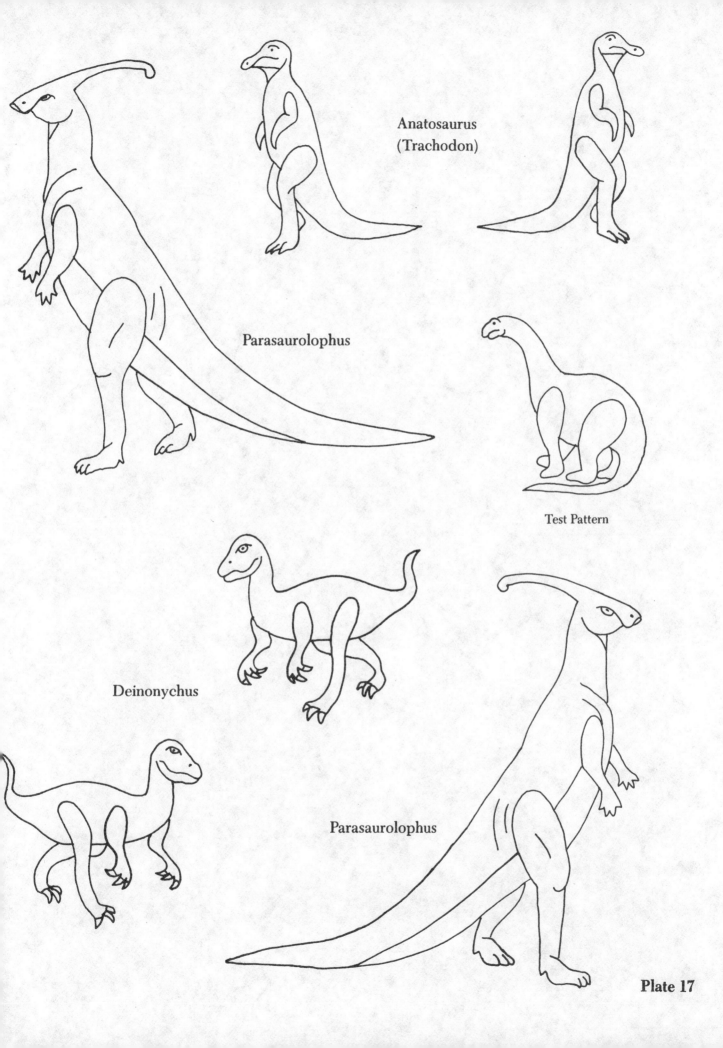

Anatosaurus
(Trachodon)

Parasaurolophus

Test Pattern

Deinonychus

Parasaurolophus

Plate 17

Coelophysis

Plate 18

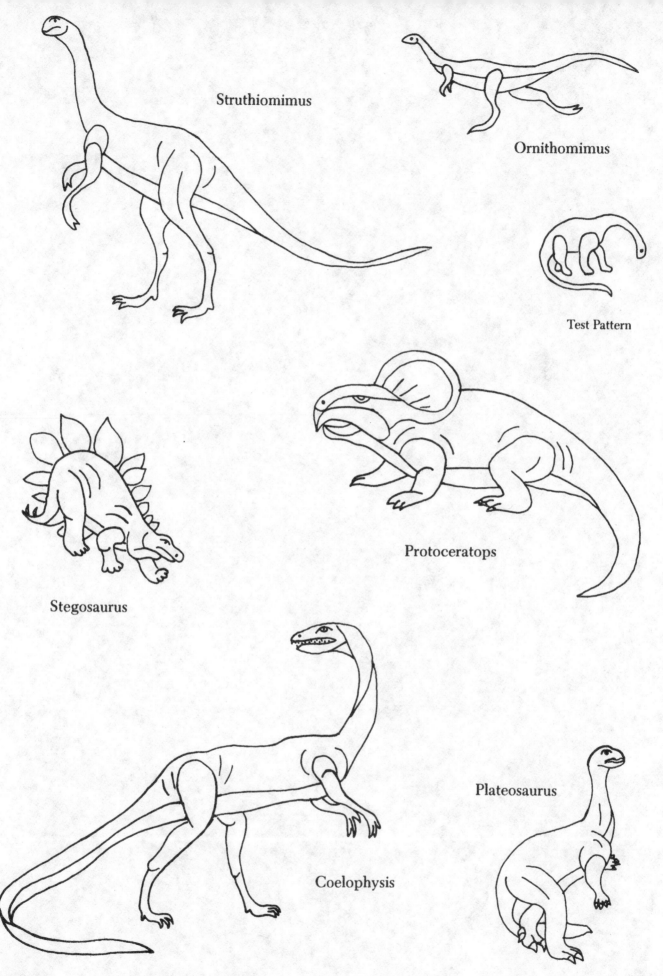

Struthiomimus

Ornithomimus

Test Pattern

Stegosaurus

Protoceratops

Coelophysis

Plateosaurus

Plate 18

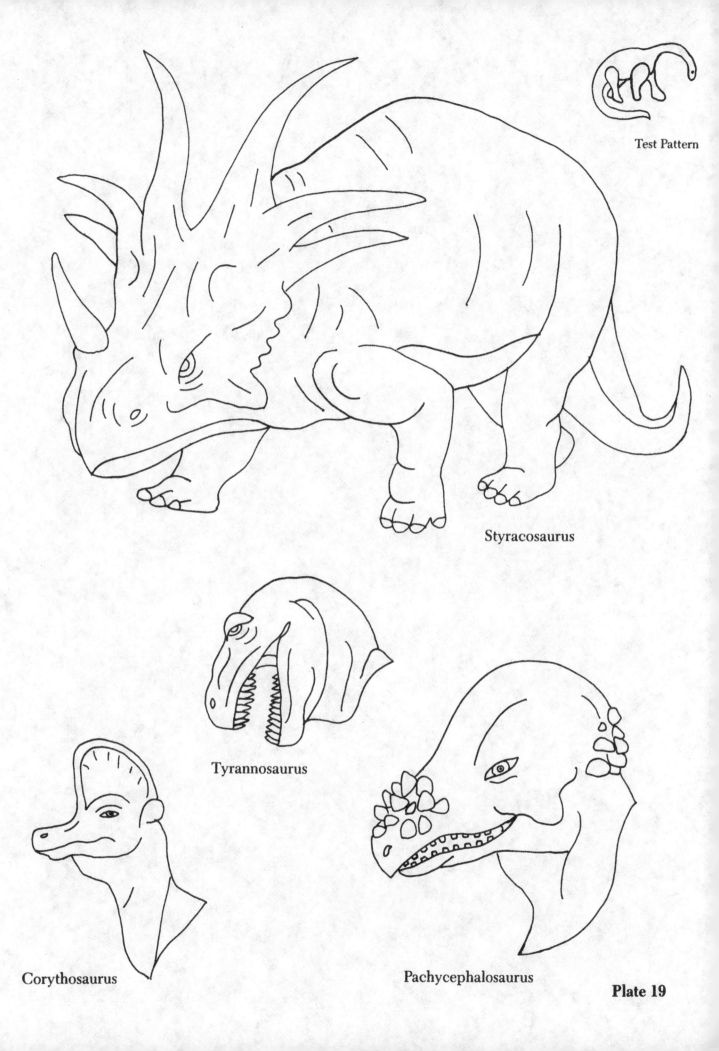

Test Pattern

Styracosaurus

Tyrannosaurus

Corythosaurus

Pachycephalosaurus

Plate 19

Styracosaurus

Tyrannosaurus

Pachycephalosaurus

Corythosaurus

Plate 19

Ceratosaurus

Camptosaurus

Triceratops

Hesperosuchus

Plate 20

Test Pattern

Ceratosaurus

Camptosaurus

Triceratops

Hesperosuchus

Plate 20

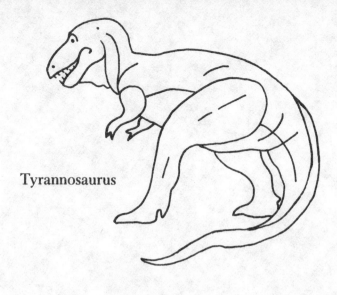

Tyrannosaurus

Monoclonius

Polacanthus
(Hylaeosaurus)

Coelophysis

Plateosaurus

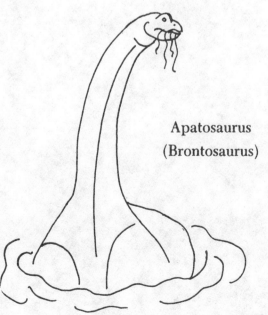

Apatosaurus
(Brontosaurus)

Plate 21

Monoclonius

Tyrannosaurus

Coelophysis

Polacanthus
(Hylaeosaurus)

Plateosaurus

Apatosaurus
(Brontosaurus)

Plate 21.

Allosaurus

Compsognathus

Psittacosaurus

Scelidosaurus

Megalosaurus

Lambeosaurus

Saltoposuchus

Euparkeria

Pachycephalosaurus

Brachiosaurus

Stegosaurus

Coelophysis

Plate 22

Psittacosaurus

Compsognathus

Allosaurus

Lambeosaurus

Megalosaurus

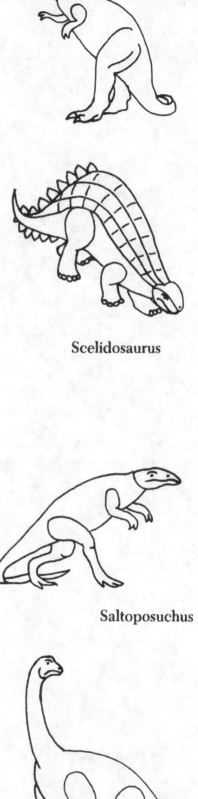

Scelidosaurus

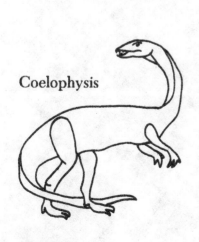

Pachycephalosaurus

Euparkeria

Saltoposuchus

Coelophysis

Stegosaurus

Brachiosaurus

Plate 22

Euparkeria

Iguanodon

Stegosaurus

Plateosaurus

Plate 23

Pteranodon

Rhamphorhynchus

Apatosaurus (Brontosaurus)

Plate 24